동화 속으로

본 도서는 한국문학예술진흥원의 우수 도서로 선정되어 창작
기금을 일부 지원받아 제작하였습니다.

동화 속으로

초판인쇄 | 2024년 11월 17일
저자 | 이강령
펴낸이 | 김영태
펴낸 곳 | 도서출판 한비CO
출판등록 | 2006년 12월 24일 제 25100-2006-1호
주소 | 41967 대구시 중구 관덕정길13-13 미래빌딩 3층 301호
전화 | 053)252-0155
팩스 | 053)252-0156
홈페이지 | http://hanbimh.co.kr
이메일 | kyt4038@hanmail.net
후원 | 한국문학예술진흥원

ISBN 9791164871506 04810
ISBN 9788993214147(세트)

값 13,000원

*잘못된 책은 교환해 드립니다.
*저자와의 협의로 인지는 생략합니다.

동화 속으로

이강령

시/인/의/ 노/래

마음의 소리에 귀 기울여
글로써 노래 부릅니다

"아름다운 동화처럼 삶이 펼치시길"

늘 한결 같이 그 자리에 있어준 믿음의 아들
지금은 인생의 멘토가 되어주고 글의 길에서
새벽까지 진심 어린 조언과 귀중한 지식도 함께
해준 아들 허지용에게 최고의 감사를 하고

하늘에서 땅에서 항상 바라보시는
아버지 어머니와 가까이 형제가족들께
움트는 시인의 글에
진심은 언젠가는 통한다는 말씀과
글의 소중한 주춧돌을 알려 주신
이진성 스승님께
정성을 다해 주신 한비문학에
심사의 글들에
응원을 주신 분들께
하나님께

그 모든 소중한 마음들에
깊은 진심으로 감사드립니다.

3-1반 38번 허지용

봄

따뜻한 봄
희망찬 봄

새싹들과
나무들이 자라나는 봄

우리의 봄
사람들이 좋아하는 봄

차/례

1장
오·늘

만년설_14
오아시스_15
빛을 그린다_16
카우 걸_17
저울_18
땅끝까지 품을 수 있는 마음으로_19
꽃동산_20
바람의 세기_21
시간이 있기 전_22
별은_23
눈이 마주할 정도로_24
태양의 파티_25
내 마음 앞에 서 있는 나_26
숲과 호수의 나라_27
달의 언덕_28
다리 위의 등불_29
느린 시간을 타고_30
남쪽으로 가는 길_31
Wait_32
나의 마음아_33
공감의 마법_34
눈 오는 날 아들 향한 기도_35

중력의 법칙_36
은하의 피라미드_37
오로라_38
에메랄드_39
공감_40
하늘 걷기_41
원색 그대로_42
신의 색채_43
천년의 향기_44
Maybe_45
Magic_46
유목민의 보금자리_47
무지개 1_48
잃어버리지 않을 거야_49
열도_50
밤하늘에 자란_51
착륙하는 노을_52
장항 송_53
미소 한 알_54
나에게_55
파라다이스_57
알프스의 꿈_59

밥통 속의 호일 덩어리_61
동화 속으로_62
너만의 너가 만들어지길 바라며_63
달콤한 시작_65
하루_67
3-1반 38번 허지용_68
비의 미소_69
아지랑이_70
불꽃_71
바늘 맴맴이_72
풍선_73
새벽_74
흰 구름 1_75
살며시_76
나란히_77
흰 구름 2_78
친구_79
소풍_80
크리스마스 꿈_81
누에고치_83
무지개 2_84
자전거 뒤 안장_85
엉덩이 들썩 눈은 초롱초롱_86
간식_87
촛불_88
2018년 5월 8일 치즈케이크_89
소풍_90

비밀_91
울어도 될까요_92
너의 손_93
마늘이 행방불명_94
선물_95
기적의 마음속으로_96
기꺼이_97
눈 속에_98

2장
새·벽 기·도

시마다 때마다_100
흐르는 물에_101
고개 들지 않게_102
아름다운 밀_103
석양의 기도_104
빛이 일어나나니_105
글에서의 동행_106
중심_107
낮의 달과 밤의 해와_108
아우름_109
티끌은_110
새벽 날개_111
목동_112
필터 교환_113
눈 안의 작은 사람처럼_114
물들어가는 것_115
붙들어_116

3장
지·금

내면은 모른 채_118
괜찮니?_119
미소 지으며 노을은_120
첫 휴가_122
이유_124
포기하지 않도록_126
내 눈물 거둬 가소서_127
소리가 들려_129
월계수_131

*추천사_133

1장

오·늘

만년설

구름을 벗 삼은 산

그 아래서 산양은
내 소리를 듣고 잠을 깬다

손 지문을 묻히며
높은 곳을 밟아가는
기도의 씨앗은
땅에 떨어지지 않고

산은 계속하여
봉우리를 감싸는 구름에
얼음 바다를 만든다

빙하 속
옥색의 맑은 물빛에
떨리는 호흡을 가다듬고

알프스를 이고
홀로 가는 길

소명이 다한 곳에서
고즈넉한 하늘색 깃발을 꽂는다

만년설을 품에 담는다

오아시스

물속의 하늘을 날다

다리 밑에 발이 붙어
이끼를 스쳐 가

망막에 맺힌
연잎에 물방울은
떨어지지 않는다

생각에 대한
생각을 하고

먼지를 털어 낸
삶의 한 절은
Lagom* 속에
균도를 이룬다

솟아오르는
나의 오아시스

---

* 딱 알맞게 균형 잡힌 삶의 방식

빛을 그린다

마른 대나무는
바람을 머금고
하늘을 비질한다

슬픔을 피한 난초는
자연의 재료를 넣어
붓 터치 하나에
글 속으로 숨고

나는 어제와 손짓한다

모자*에서 피어난 꽃은
무채색의 영혼이
어디로 가는지 알고

글이 웃는다

---

* 마술사의 모자

카우 걸

여명이 밝으면
소 떼를 몰고 가는 나

오래된 반복은
목장이 소유하고

내 핏속에
주문을 걸어

내일은 잊고
오늘을 태우네

태양 속으로 날아가는 촛불

천사가 내게 팔짱을 껴

떨리는 별

저울

잠이 드는 태양은
흐린 빛에
빈방을 채우고

잠들지 않은
내 작은 가슴이
숨을 쉬어

여름 길을 걷는
눈 속에 별을 떨어뜨리면

오름 직한 누군가의 길을
비춰주네

먼지 같은 바람의 솜씨는
지나다니는 배들 뒤로
어린 선이 그어지고

생각은 꽃들처럼 피어나

주림 속 나는
수평을 이룬다

땅끝까지 품을 수 있는 마음으로

침묵 속에 천둥이 내린다

들리지 않는 것을 듣는다

구부러진 거리에는
구름이 땅을 뒤엎고

혈관에 흐르는
나를 견인하는
소박한 시간의 퇴적층

물감을 아끼지 않는
화가의 손놀림에

깊은 흔적이 남는다

꽃동산

하늘과 바다가 만나는 선
들리는 내 꿈 소리

내면을 들여다보고
오그라드는
익숙한 외로움

배를 타고 나서면
결핍이 사명이 되고
다른 사람으로 살아가지

"나다 네가 구하지 않았느냐
꽃동산 사주께"

신의 목소리는
언젠가 새싹이 나지

바람의 세기

풀은 마르고 꽃은 시드나

붙잡을 조건은
몰입과 쉼을 반복하고

1센티씩 나아가
곡식과 새 포도주가
풍성할 때보다 더하나이다
하나님의 방법으로

그동안 어디 숨어 있었나
공기의 흐름은

비로소 물밀듯이
한눈에 다 보이네

시간이 있기 전

마음에 밤을 안고

나의 생각을 내가 아나니
마른 뼈들아 들을지어다

말이 없는 말
날갯짓하는 날개

지팡이를 흔들고

농부가 되어 씨를 뿌리고
마음으로 발음하고
거둬들여

망토에 쌓인 먼지 떨구어
달콤한 밥알을 씹네

시간이 있기 전
천국의 미소를 마신다

별은

달이 있는 동안
해가 있는 동안

생각들은
눈에 맺혀서
노래를 한다

입을 크게 벌려라
내 안의 양 한 마리

균형을 이루게

상처가 별이 될 때까지

눈이 마주할 정도로

폭우와 강은
가보지 않은 길에

끝없는 반복으로
목마름의 한복판에서

양탄자를 타고
마음의 음악들을
쫓아가

이끌림이
꿈이 되는 순간
내 안의 나와 마주하고

나는
떨리는 길 끝에서
춤추는 사고의 조각들을
건축한다

태양의 파티

두 산 사이 흐르는 개울에

지평선의 별똥별이
새로운 발자국을 남기면

나는
잃어버린 것에 힘을 빼고
침묵으로 기도하고

원 안의 울림을
빈 호두 껍데기 속에
간결하게 채워 나가

바람에게 명령하네
나를 안아주라고

밤새 운 내 기도에
세상의 관객들이
골든 버저를 터트리고

잘 익은 투명한 태양이
내게로

내 마음 앞에 서 있는 나

형체 없는 생명체에
또 다른 하루가 달려와

수중 폭포는
내면을 함축하고
경이로운 춤을 추며

바다 같은 시간은
빛 속에서
모래 썰매를 타고
거짓 없는 해변에 멈춘다

난 미켈란젤로가 되어
엄청나게 큰 돌에
스케치를 슥슥 그린다

숲과 호수의 나라

주변의 소음이
완벽히 사라지는
침묵의 교회 캄피*

발트해가 녹으니
사람들의 마음을
낚아채 가는 갈매기

24시간 해가 지지 않는
여름 백야를
자작나무가 온몸으로 때린다

자유롭게 움직일 수 있는
모두의 권리는
자연의 영혼을 디자인한다

---

* Kamppi. 다양한 배경과 신앙을 가진 모든 방문객에게 명상의 장소로 열려 있는

달의 언덕

바다가 시작되는 곳에
소박한 테주강의 일몰이
내려앉고

거대한 유람선 불빛에
갈매기 떼는
빛바랜 시간을 휘젓고
날아다니네

우울 없는 별로 비행하는
잠들지 않은 나

여기에
항해를 떠났던
비밀스런 소원은
운명으로 걸어 들어와

다리 위의 등불

세상을 녹여 내린
빙하의 살결에

뒤뚱대며
펭귄은 춤을 추고

철근으로 뜨개질한
다리 위로

비눗방울 같은
신의 선물이 지나가며

장인의 등불이
날 삼킨다

느린 시간을 타고

도시를 내려보는
시계탑 아래

도나우강 속으로
망각의 발걸음을 밟아

물리적인 시간들은
마지막 한 걸음까지
의미를 가지고 앞을 재촉하네

스쳐 간 골목 속에
익어 가는 시간의 향기

어둠 밖에는
신들의 눈빛이
날 바라보고 있어

남쪽으로 가는 길

문밖의 무지개가
노크하면

사라져 버린 내 심장이
새벽마다 속삭이고

빛을 머금은 로키산맥이
나의 방식에 줄기를 뻗어

눈이 없는 불행은
퇴화하고

거대한 산을 뒤돌아보는
저 태양 속으로
나는 들어가

Wait

어항 밖은
물기 없는 파란 하늘

달이 다할 때까지
이름 없이 빛도 없이
나는 걸어가네

이른 비가
마른 골짜기에 샘을 이루고
걷히는 기다림

혼자가 아니야
이제는 우리

기다림에
하늘은 귀 기울여
나의 부르짖음을 들으셨어

하늘이 기진한
바로 여기에

자유가 녹는다

나의 마음아

사슴은
알곡을 모아 곳간에 들이고
처소에서 발을 떨고 있다

하나님은 야곱에게
"아브라함과 이삭에게 준 땅을
네게 주고 네 후손에게도
주리라" 말하고

구름 속에
무지개를 숨겨둔 하나님은
다시는
물로 아프지 않게 한다고
노아에게 언약하셨단다

Heart of Mine

지금
그의 생기가 네게 들어와

이생의 거친 음이
신성한 메아리로 뿌려져

네 그늘 안으로
은총이 내린다

공감의 마법

하늘이 흔들리고*

산을 품은 대나무는
흰 땅을 비질한다

나는 돌 사이 내민
오늘을 꺼내
점묘화**를 그린다

구름 끝에 붓이 되어

잎새에 맺힌
백로를 그린다

---

* 눈이 내리고
** 점으로 그린 그림

눈 오는 날 아들 향한 기도

하얀 눈으로 뒤덮인
종이 위에
마음의 글을 새긴다*

추우면 안 돼
따뜻해야 돼
건강해야 돼

---

* 까만 새벽 군부대에 있는 아들 향한 기도

중력의 법칙

햇볕과 모래바람을 차단한

구불구불 키 큰
구천 개의 골목 미로를
헤매이던 어린아이

마음은 오븐에서 구워지고

움직이는 태양은
파랑 물감에 적셨다가
빠져나와

쉼표 하나 떨구고

사하라의 컬러*는
별빛의 불야성 속으로
스며든다

---

* 사하라 사막을 연상시키는 색상

은하의 피라미드

신호가 부서진 은하계

시린 겨울의
작은 점들이 흩날리다

저마다의 방식으로
별 가루를 흡입하고

우주의 온기는
저 멀리서
은하수 파도를 찾아 날다
느리게 행성에 내리꽂혀

파리의 거리에 내리는 비처럼
쉼 없이 내리네

오로라

굴뚝 청소부의 피카* 속에
연약한 시간들

기적을 울리는 서부 철도는
자유로운 연기를 뿜으며
새하얀 터널을 스쳐가고

무한대의 수수께끼 삶에
조건들을 붙잡는다

나폴리의 햇살 속에
탐스러운 과일들

해변에 해가 내려앉고

별똥별은 오로라로 길러진다

형태를 말하지 않는
신의 예술품

---

* Fika. 멈춤. 휴식의. 커피 브레이크 타임

에메랄드

산에 걸친 하늘색 구름
강물과 산봉우리도 합류하여
푸른빛

메마른 툰드라 땅은
흘러내린 빙하의 물이 적셔주고

배 없는 낚시꾼과 아이들은
물고기 냄새 맡으려고
피싱홀*에서 낚시를 하지

폭포를 헤치고 돌고 돌아
세월을 먹고 찾아온 연어는
포기 못 한 요정들의 마음에
에메랄드빛 생명력을 불어넣어

쌓였던 퇴적물이
다른 세상으로 사라지면
강물은 잔잔해져

---

* Fishing hole. 보트가 없는 사람이나 아이들이 바다로 나가지 않고 물고기를 잡을 수 있는 곳

공감

구멍 뚫린 돌담에
바람의 몸살이 쉴 틈 없이
드나들어

무언가에 집중하는
내면의 숨은 큰 호흡을 하고

길을 찾아 나선 언어들은
불가마 속에서
세차게 구워져

들숨과 날숨이 몸살을 앓고
마지막 휴지기를 취하면

내면의 언어들은
아련한 눈빛으로
공감을 보내고

나는 그것들을 참지 않고
쓰며 내려간다

하늘 걷기

솔잎 비 내리네
한낮 햇살에

지극히 작은 자 나는
산호가 부서진 나폴리의
낮은 미풍 속에

하늘 계곡 사이로
스쳐 가는 온기를 타고
하늘을 걷는다

작은 물고기가 춤추는
천국 속으로
내리꽂는 갈매기

바닷속 광장에 빼곡히 저장된
마법 같은 노래가

하늘 물결에 크리스마스 꿈을 띄우고
신이 주신 마음속으로 들어간다

원색 그대로

폭포에 실수로
물감을 떨어뜨린 물빛에

수많은 생명을 품고 있는
평화의 나무가 휘어 있어

오르고 또 오르던
뿌연 물안개는
폭포 아래로 다이빙하고

계곡에 블루진 개구리가
춤추고 사라지면

고향을 기억하는 거북이는
해변에 구멍을 내어
한 알 한 알씩 내려 낳고

무지개를 기다리던
순수한 인생들이 나뭇잎에 싸여
뿌리의 몸부림을 읽어 내면

변함없이 그 모양으로
본디 제 빛깔로 자연은

그대로 우리 옆에

신의 색채

거리의 오르골이
계절의 시작을 연주하면

거울을 바라보는 튤립은
자신의 색채에 사랑을 느끼며

요트 속 이방인은
초원의 회전하는 풍차 날개에
시선을 돌리고

차도 위에 흐르는 운하를
지나가는 배들은
살아 숨 쉬는 물결에 몸을 맡기네

수로의 물을 조절하는
4개의 풍차가 한 팀이듯이

영원한 애정을 노래하는
고혹적인 튤립은
사랑의 고백과 한 팀이 되지

천년의 향기

그윽한 길을 물으며
가냘픈 연기 속을 날아가는
학 한 마리

시간 속으로 들어가
차가운 빛 떨구고

대지 위에 피어나는
구성진 퉁소 소리에

두 날개 펼쳐
더 큰 우주로 날아가리

Maybe

길 위에 우주를 만나

시간이 흐른 흔적을 찾아
테라리움 속 정글에서
숨바꼭질하네

눈과 비가 스쳐 가고
남아 있는 풍경 속에
오묘한 눈빛

파도의 샛길에서 요정은
사랑이 멈추지 않는 시간을 잡아
영혼을 울리는 춤을 추지

천국에 도착한 물살은
잔잔해져 이제는
웃어요

Magic

기대고 싶은 은신처

어디로 갈지 모르는 하얀 천사는
내 어깨에 주차된 무게를 밀어내
정열의 꽃 시계초를 얹어 놓네

유리창 속 태양은 다가와
빨랫줄에 흩날리는
손수건의 슬픈 바람을 모아
그림 속으로 숨어

자연을 떠난 재료는
시인의 화실로 들어와
글로 시인의 화폭에 옮겨져

갇혀 있던 것을 펼쳐 내는
글 속의 마법사

새로운 향기로 달콤한
인생의 화실

유목민의 보금자리

하늘을 끌어당기는
초원의 가축은
자유롭게 유랑하다

협곡의 호수에
삶을 녹이며

여름을 만끽하다
초원의 겨울을 맞는다

파노라마로 번져드는
자연의 연금술

무지개 1

너울대는 잉어

달을 머금은 은파에

빛으로 쓸어내리는 까만 침묵
잉어의 입속으로 찾아드는 별들

아침 풀잎은
햇살 줄기 날아들고

구름 사이로 하늘이 드리운다

잃어버리지 않을 거야

높새바람을 타고 와
잠시 머물다간 내적 도시

바람은 숯을 길들여

시간의 무게는 날아가
도시는 꺼지지 않고
별처럼 반짝이리

공허한 구슬 속에
천국의 잔치

빈틈없는 신은
선물을 주네

열도

모험을 거슬러
중력은 놀라운 휴가를 떠나네

어떤 세상은
태초에 선한 걸음으로
천천히 느린 걸음으로
바다의 땅에 길을 내어

차가운 운명은
초록빛 해변의 밀물에
섬을 만들어

나만의 정원을 향해
걸어 올라가

라디오에서 흘러나오는
한 방울의 잉크

수줍은 열도는
물과 불의 텃밭에
몸을 녹이지

모든 것으로부터

밤하늘에 자란

야윈 비가 층계 진 날들에
물감으로 색칠하며
새로운 빛으로 펼쳐

살찐 순수함의 밑동이
외로운 선서를 하며
목마름에 향기를 뿌리기 시작해

속삭이는 소나무를 뒤로하고
파도에 꺾이지 않을 힘을 모아

아픔과 졸업해

착륙하는 노을

거품의 시차 속에 홀린
꽁꽁 얼어버린 별자리

닫힌 얼음에 그려진
도넛 같은 구멍에
제 발로 숲을 이뤄 걸어가는
침묵의 발자국

눅눅해진 풍경에서
사다리 타는 눈꽃들

운명의 손금에
몽당연필의 그림자를
스쳐 가는 지우개

졸고 있는 신의 정수리 타고
어깨를 반으로 가르며
항구를 삼키는 달에게
제 몸을 담그는 나무줄기

나무 사이 별들은
풍선을 타고
하늘 사진첩 속으로 들어가

장항 송

굴뚝에 하얀 학 울음

높은 하늘을 잡아당겨
서리 내리는 밤 달을 울린다

무디어진 부리

아버지의 이슬이
방울져 내린다

미소 한 알

마음을 덧칠해도

잔설들이
고요한 걸음으로
널어놓은 소리의 숫자를 세어

관성의 열매는
심장의 마지막 사슬을 풀어내
아픔이 베는 시간들

얼굴에 조각들은
잔상의 온도를 올려

풀밭에 떨어지는
한 올의 여운에
악수를 청하는 사슬

날 보는
살찐 달의 내리는 미소에
숨 쉬는 희열

나에게

별이 내 편일 때
시간의 길을 걷는다

태양이 서정에 가라앉고
새벽이 내릴 때
나는 글이 되고
글은 나를 읽는다

잔잔한 맥박의 울림

밖으로 안으로 왕복하는 내 심장을
잘 익은 달이 내려보면

눈 속을 걸어가는 마른 뼈에
하나님의 자비가 내리네

내가 내 생각을 듣게 되고

주인을 찾아 헤매던 유리 구두는
자신을 그리워하는 주인을 알아보네

내 체온을 뜨겁게 달구는 램프

알라딘의 램프 뚜껑이 열리고
나는 무한대의 서정을 조각하는
미켈란젤로가 되어

살아 있는 꿈이 된다

파라다이스

크리스마스 광장에
두 바퀴 자전거

시간의 무게를 돌리며
겨울에서 멀어져

저마다의 방식으로
무지개를 찾아

바람을 타고
사막 속 모래 바다 지나
태양의 피라미드를 뒤로하고

어둠이 잠기는 시간
모든 것을 잃고
세상의 끝을 거닐 때

신이 선물을 주네
변하지 않는 것들을

폭포에 거품은 계곡 속으로
바람은 사파이어 빛으로
해수면과 나란히

날아가게

한쪽 귀로 듣는
널 두고 잠들지 않아

내 노래가 널 안아줄 거야

알프스의 꿈

자정의 비가 낮은 그림자에
우산을 펼치고

구슬에 매달린 쓸쓸함이
공중의 고독에
파리한 대나무에서
사색을 맞이하고파

속세의 글씨들은 천 길을 달려
황야를 가로지르며
작은 눈물은 가을을 읊조리니

사원의 먼지는
더 높은 부름 향한
새벽의 햇살에
믿음 입고 체온을 데워

색소폰이 지붕 위에 걸터앉아
정지된 하늘에 향기를 품어내
사색은 거문고 소리에
몸을 얹어 떨리고
서리의 기도에
산이 움직여

향기 없는 해바라기는
바람서리를 관통해

나의 해바라기여
눈물 자국을 날려

알프스의 꿈은
살포시 눈을 뜨네

밥통 속의 호일 덩어리

아들의 빈자리

붙어버린 뱃가죽은
텅 비어 있을 밥통 뚜껑을
열어 본다

따끈한 호일 덩어리

옥수수 한 개 먹고
하나를 남기고 갔구나

네 마음을 놓고

동화 속으로

천혜의 자연 속
소들이 기다리는 카우볼 축제에

아내와 아이들이 마중하여
목동들의 소나타가 울려 퍼지고

미동 없는 물속으로 들어가
굽이굽이 길을 내어
성의 종탑을 향해 헤엄치는
손으로 만든 나룻배

종탑을 그리며
신랑이 신부를 안고
침묵으로 99계단을 올라가 목을 축이면

기적을 알리는 종소리가 울려 퍼져

생명을 존중하는 기도는
땅에 떨어지지 않고

메아리 되어
기적으로 이루어지는
하늘 끝 소망

너만의 너가 만들어지길 바라며

혼자 있을 시간엔

아늑하라고
정글이 새단장하지

공부하라 않은 이유는
원하는 것을
신나게 하길 바래서

어떤 사람이기보다
타고난 장점이 완성되길

놀 때
같은 마음으로 대한 것은
즐길 줄 아는 사람이길

힘들 때 표현 안 한 것은
긍정적으로 자라길

언어 대신
나부터 바뀜은
행동이 중요함을

큰일 앞에서 초연한
입이 무거운
당당히 표현하는

네가 되었다

달콤한 시작

빛에 밀려 떠오르는 태양이

헤아릴 수 없는
치열한 색의 마술에
쫑긋 귀를 내밀어

외로움에 잎을 떨군 꽃이
누군가와 함께이고 싶어서

줄타기 광대 되어
빛줄기 타고
하늘 안에서 뛰어노네

사육사의 어깨에
손을 올리고 따스한 눈빛을 보내는
판다

대나무에 손자국을 남기고
야생의 고향으로 돌아가

그 순간들에
생명의 창이 열리면
봄꽃의 간절한 염원을

켜켜이 새기고

에워싼 에너지가
달콤한 껍질을 벗기듯
하나씩 넘기며 용기를 불어넣어

이 시간들의 기억은
새로운 출발을 하네
A lovely life

하루

자전거에
대나무 낚시 싣고

봄바람 스쳐 가는데
보드랍다

"내 허리 꽉 잡아 아들"

고기 낚는 사람들이 눈에 띄고
낚시꾼이 지렁이를 끼워준다

강 속에서 사라져 버린 미끼

"물고기는 없지만
오늘이란 추억을 낚는 거야"

3-1반 38번 허지용

봄

따뜻한 봄
희망찬 봄

새싹들과
나무들이 자라나는 봄

우리의 봄
사람들이 좋아하는 봄

비의 미소

삐걱대는
자전거 타고

터덜

벌판으로 가는 아버지

여름의 마지막 날
덩달아 신난 수화기

"뭐 먹고 싶니?"

아침에 두고 온
새들의 허기가 채워지면

밤빛에
배부른 웃음

아지랑이

햇살을 더한 봄날

따스한 소풍

맛나게 먹을 생각에
종일 미소 짓는 나

저녁에 무언가 먹고 있는
너는

엄마의 정성을
싸가지고 왔단다

녹은 치즈김밥을

불꽃

겨울바람 속
초롱한 눈동자

아들과 나

신문지 구겨 넣고

마른 장작
솔향 피어날까
숨어드는 아궁이

그렇게 눈은 녹았다

바늘 맴맴이

어느 날 한 번씩
엄마를 위해 풀어 놓는
아들 너의 생각 보따리

아이 같은 내가
세상에 겁이 많은 내가
날갯짓하는 내가

아이가 잘 크기를 바라는
엄마처럼

네가 엄마가 되어
내게 맴맴이를 주는구나

풍선

터질까
두 눈 질끈

네 손에 스치게

천정 하늘은
구름으로 가득

고개 들면
색의 꿈이 그려지게

들어오는 너의 눈빛
웃음 머금게

튕겨지는 소망들

새벽

천장에 남겨진 누런 전등 껍질

하얀 종이에 속삭이는 글자들

두 눈은 지긋이 초승달이 된다

그제야
공중에 든 아들의 스탠드

내 방안에
은빛 소나기가 쏟아진다.

/ 흰 구름 1

반 뼘 꽃신 소녀

지나간 시간을 들고
산등 낙엽길 밟는다

지는 님 부여잡고
우짖던 그 밤
추억은 꿈속에 있다

멈칫한 바람 지나면
안개 같은 그리움 스쳐간다

뽀얗게 익은 봉분

살며시

하루를 보내고
내 집에 들어오면
비밀 창고가 되어 있는 냉장고 안

밭에서 이동한 야채가 한가득
어느 날은 초코빵이 날 기다린다

오늘은 식탁 위에 비릿한 물체
익혀서 온 굴비가 덩그러니

따끈하네

낮에 너의 목소리 신이 났지

내 공간에
노심을 놓고 가는 어머니

나란히

등굣길 아침
주인을 묵묵히 기다리는 신발
그의 삶 속에 온전히 동행하지

신발은 버스를 타고
너른 학교 운동장을 뛰어다니고
점심에는 맛있는 향기를 맡고

발가락 틈새 수분의 몸부림을 실어
버스를 타고 돌아오는 발걸음

매일 아침
주인을 기다리는 유리 구두는
그 자리에 다소곳이 앉아 있네

흰 구름 2

노모는
그리움 등에 업고
산등 낙엽길 밟는다

가을의 중턱에
엉덩이 내려놓고
얼굴엔 봄꽃 이네

해가 동쪽에 뜨면
서쪽 문안에서 모시 삼고
해가 서쪽에 기울면
동쪽 담 밑에서 모시를 삼아

무뎌지는 무릎

까만 새벽 한산 장날에
세모시 팔러 가고
홍동백서 들고
논산 산소 찾아가네

봉분에 잡초 사라지고
멈칫한 바람 지나면
안개 같은 그리움 스쳐간다
뽀얗게 익은 봉분

친구

밤하늘 별님은 따뜻한 거야
널따란 하늘이 아늑해졌거든

파란 하늘 구름은 포근한 거야
살포시 미소가 지어지거든

아늑한 곳에서
미소 짓는 내 아버지는

가까이서 멋쩍게
웃음 짓는 내 어머니는

늘
날 바라보네

소풍

조물조물
주물주물

두 바퀴 반으로
김밥이 완성되네

솔밭에 자리 잡은
선생님과 아이들과
엄마들이 옹기종기

입안에 터지는 정성에
흐뭇해하는 아들
그 미소에 나도 방긋

코끝에서 춤추는 솔향
하늘 향해 고개를 드네

장난감 비행기
솔숲 하늘에 날리며
비행기 따라 뛰어다니는 아들
나는 빙그레 두 팔 벌려 돌아본다

하늘을 날아 보는 오늘을 담는다

크리스마스 꿈

크리스마스 새벽이었지
십자가를 뒤로 보내며 걸어 내려오던
예수가 내 옆에 멈춰 섰어
예배당 중간쯤에 말이야

예수가 무엇인가 질문을 하는데
나는 "사랑입니다"라고 대답을 했지
미소 지으며 고개를 끄덕이는 예수

나는 물결 이는 장발의 그에게 다가가
검게 그을은 얼굴을 만지는데
굳은 황토같이 단단했어
광야의 세월을 흡수했나 봐

내 코를 그에게 바짝 들이대고
공기를 마셨어
무향의 향기는 그만의 매력이겠지
보이지 않는 사랑을 주듯이

십자가를 향해 천천히 되돌아가는 예수

순간 예배당 뒤쪽에서
새하얀 옷과 모자를 쓴

세 여자가 나타나
흰 눈 같은 둥근 빵을 내 손에 얹어 주네
천사인가 봐 온화한 그녀들은

내 옆에 앉은 다섯 사람과
뒷줄의 여섯 명과
그 뒷줄의 다섯 명의 손에도
빵을 얹어 주는데

나눠 주는 천사의 얼굴엔
자비가 묻어 있네

나는 예수를 잘 모르고
사랑이 뭔지 모르나
눈처럼 하얀
따스한 그 빵 같으리라

예수와 사랑은

누에고치

은하처럼 긴 곳에
노모가 있는 것만으로도

명주실 한 올 되어
널 감싸는
내가 있는 것이

비단 같은 네 날개 펼 수 있다면

고치를 뚫고 나오는

누에를 향한 내 푸른 숨

무지개 2

잉어가 운다

달을 머금은 은파에

빛으로 쓸어내리는 까만 침묵
잉어의 입속으로 찾아드는 별들

아침 풀잎은
햇살 줄기 날아들고

구름 사이로 하늘이 드리운다

자전거 뒤 안장

외할머니 집까지
한참을 가야 된단다
"괜찮겠니?"

수건 깔아 줄게
네 엉덩이 아프지 않게

"자 출발한다"

학교를 지나
철길을 지나서

"조금만 참아
거의 다 왔어"

굴다리 밑을 지나
논두렁 옆 아스팔트 길 위에서
계속 가 본다

드디어 도착한 외할머니 집

자전거 뒤 안장이 딱딱해서
"네 엉덩이 많이 아프지?"

엉덩이 들썩 눈은 초롱초롱

널찍한 이마트 한 코너를 차지한
로봇 건담 앞에 서 있는 아들과 나

"갖고 싶은 거 뭐든 골라 봐"

집안 작은 책상에 앉아
일본어도 모르면서
설계도를 펼치고
척척 조립하기 시작하는 아들

1시간 2시간
3시간 4시간

왼쪽 엉덩이 들었다 놨다
오른쪽 엉덩이 들었다 놨다

너의 눈동자는 호수 되어
별이 떠 반짝반짝 빛이 난다

간식

아몬드가 하얀 눈이 되고
캐슈넛이 안개가 되고

곶감이 비가 되고
레드향이 촉촉한 조약돌이 되고
초콜릿 조각으로 내 마음 담아 놓고

음…

누군가를 위한
어설픈 손놀림

이것이 행복이네

촛불

중등 한해의 어느 날
아들은 묻는다 "뭐 갖고 싶어? 생일날"
"초코케익 먹으까?" 나는 말했다
"케익은 당연하고, 와인 사주까?"
라고 말하는 아들

까만 밤에 촛불 켜고
조명은 꺼 버리고

와인 두 잔과
하늘거리는 촛불에 초코케익

한 모금 먹고
인상 찌푸리는 너

달달함에
미소 짓는 나

촛불이 끔벅끔벅 춤을 추고
박자 맞춰 움직이는 내 마음

2018년 5월 8일 치즈케이크

나는 모든 에너지를 쏟고
집으로 들어섰다

무심코 열어 본 냉장고 안
한 칸을 버젓이 채우고 있는
커다란 상자

뭐지?

버튼 소리와 함께 들어오는 너

"어버이날이잖아"
"새벽에 나가던데 어딜 가는 거야?"
"30분은 새벽 예배
 30분은 새벽 기도
 30분은 글쓰기하고 오는 거지"
"네가 군대 가고 시작했지" 나는 말했다

바로 들리는 리드미컬한 팝
"오래된 건 그만 들어"라고 말하는 아들

'해변의 도시
거기선 모두가 노랠 하고 산대요
부서지는 파도 앞에 살면서'

소풍

하늘빛 솔숲 그리며 배낭을 맨다
끝없는 하늘처럼 세월 보낸 소나무

빗방울 떨구고
눈송이 내려뜨리고

맥문동 하늘거리는
솔숲의 소곤거림이 끝날 즈음
석양이 내리면

내 속에 드리우는 보랏빛 고요

비밀

한 사람이
강아지를 발로 찼어

강아지는 가만히 있었어

어느 날 그 사람은
또 강아지를 발로 찼어

이번에도 강아지는
가만히 있었지

아프지 않았을까?

아팠을 거야

"아프잖아"

울어도 될까요

소리 없이 바람에 움직이는
가녀린 꽃잎

일렁이는 물살 안으로
숨어 버리는 눈동자

손짓하면 밀려났다가
제자리를 메우는 새벽안개처럼

두 귀로 묻어오는 글자는
그냥 스미게 둘 수밖에

하얀 땅에 굴리고 굴려
키다리 눈사람 되어 버린
오늘은

너의 손

여든하나 주름 이마

엄마는 "고구마가 커서 넌 못해"
라고 말하신다

호미를 주무르던 두툼한 손에
삶아진 고구마는
뭉개져 얇아졌다가
철석 치대졌다가
뭉실한 구름이 된다

땅속에 도라지도 움츠렸던 너의 손은
무른 내 속을 달래려고

주먹 둘 속에
고구마를 감싼다

마늘이 행방불명

해보면 되겠지

너가 좋아하는 쇠고기와
장보기를 모두 내놓고

야채를 씻는 나
크기와 양을 조절해 썰고 있는 너

"마늘은 어딨어?"

마늘을 찾는 너
장바구니에 마늘을 잃어버린 나

마늘을 다시 사 온 너는
썰기와 조합과 굽기로 완성품을 만들고
형체가 모호한 콩, 밤, 도라지를 넣은 내 밥도
뭐라 않고 우리 둘은 맛있게 먹는다

지금을 살아가는
한 장의 오늘

선물

원룸 나오는 날
구르마도 잊은 나

차곡차곡 짐 싸기를 네가 다 하고
가벼운 짐 내 손에 쥐어 주고
거대한 박스 네 어깨에 얹는 너

취업을 앞두고
집에 있는 너는
저녁 요리사

식탁 위의 가지런한 보쌈과
새초롬한 무생채가
나를 기다리고

10분 늦게 들어온 나

열기를 발산하는 보쌈에
네 마음은 동동 구른다

따끈하게 줄려고
너는 바빴다

기적의 마음속으로

밤의 창문이 수수께끼를 내네
헛되지 않은 근원을 되뇌며

익숙한 괴로움들이
물밀듯이 따라와

무조건적으로 응답하는 기도에
노크를 하네

눈에 띄는 용기여

노력의 시간들이 오그라들어
꿈의 전망대에서
눈물바다는 이별을 해

잉여의 꿈은 무한대의 길을 따라
응답의 근원과 동행하며
내게로 가까이 오네

기꺼이

무명의 별들은
바스락거리는 영혼에
러브레터 자국을 남기며

기억 못 하는 신에게 말을 하네
"부족하여 죄송해요"

혈관에 흐르는 소식은
끊임없이 속삭인다

자유로운 새여
기꺼이 날아오르렴

천사들의 노래에 맞춰서

눈 속에

화살은 내 심장으로
무한한 침묵의 소리를 들으려

세상의 먼지를 떨구려
낡은 사진 속
감은 내 두 눈 속으로

생의 얼음 바다여
포근한 친구를 기다리며
시간을 잊으라

우두커니 흐르는
눈물방울에 익사하는 냉기는
운*을 뜨는 햇살의 향기 속으로

속으로 들어가는
소리 없는 호흡은

---

* 천운과 기수. 잘 이루어지는 운

2장

새·벽 기·도

시마다 때마다

새벽하늘이 더욱 까매서
초롱한 별들이 빛을 쏘아댑니다

내 부족함이 끝이 없어
영혼을 내려놓아도
세상이 버겁습니다

거대한 골리앗 앞에
돌팔매로 몸을 던졌던
다윗의 신뢰처럼

마법을 예비하여
내 마음
눈보다 더 희게 하소서

흐르는 물에

어두운 밤 마음에 잠겨
하늘의 씨앗이 되어

가난한 자의 긍휼로
흐르는 물에 식물을 던져

신께 꾸어드린다

옥토에 뿌리가 깊어
하늘로
줄기 가지 솟아오를 때

때가 되면
때가 되면

갚아 주리라

고개 들지 않게

방망이로 선별하여
부서뜨린다면

누군가의 거만이 옅어질까?
듣지 않는 악인들이 선별될까?

나의 스승이여

내 귀의 음악 같은
솔로몬의 지혜로

모세의 온유함을 주소서

아름다운 밀

말 못 하는 백합의 어깨에
사뿐히 기대어

말을 잊은 사도는
인생의 배를 타고
허우적대는 항해를 시작해

상한 갈대는 침몰시키며
아름다운 밀을 앙망한다

항해의 끝
신의 방문에

말을 잊었던 노란 백합은
눈꽃 같은 밀로 싸매인다

석양의 기도

네가 준 맛있는 음식에 마음을 비우고

일말의 뿌리에도 석양을 버는 비율이 있고

사사로운 지혜는 천군 인을 치고

주의 큰 도움으로 이때까지 왔으니

나는 오늘의 말석에 서서

고개를 숙인다

빛이 일어나나니

내 안의 너에게

너의 강함이
너의 기쁨이

불을 땐 것도 아니나
사방이 따뜻하기 시작해

걸렸던 동상이 다 치료 되네

나의 간절한 기도 들으셨네

글에서의 동행

나의 분깃에 그들이 두드려

나를 잡으려고
올무를 숨길지라도
내 영이 속에서 상할 때에도

호흡이 있는
악기를 연주하는 미생물까지도

매일 사슬 속으로 들어가
간절한 염원으로 참회하면

믿음의 글이 내 소망을 건져주어
고통은 구원 속으로 들어가

순종으로 의로운 길을 가는 삶아

중심

향기로운 언약에
경외로 섬기며

내 편에게
몸을 피하네

하나 더하기 하나
무조건 적 사랑에
한 걸음씩 물들어

자비로운 은혜를
따라가노라

마음을 감고 조용히
머리를 기웁니다

쏟아지는 수고의 떡이
헛되지 않게
내 하나님에게로

소복한 눈 속으로
따사로움 내립니다

낮의 달과 밤의 해와

산을 향해 눈을 들고
졸지도 잠을 청하지도 않는 이는
분명한 선으로 기도한다

영역을 침범한 오만이
낮은 자에게 힘써
의지를 불태우니

신의 지키심을 소망하여
밤의 해와 낮의 달이
널 지킴이라

아우름

선한 뜻으로
긍휼의 아우름이
자신의 수준을 높이 낮춰

작은 사도는
공감대 속으로 간다

걷고 있는
손의 수고에

의식과 두려움이 변하여
경외로 한 순간의 역전이

평안 위에
완전하게 내려놓는다

티끌은

물속의 새같이
삶 속의 물 같이
새처럼 높이 나는 티끌

내 속으로 의로운 침묵이
여전히 보이지 않는 지킴이

세상 적 어리석음 뜰에 덮고
소유로 짓지 않는 이끌림에

특별한 은총으로
약속 지키시는 동행

새벽 날개

세포 하나까지 응시 하시는
멀리서도 생각을 밝히시는

경이로운 인지에
구별된 삶의 일어섬을 빌며

시공을 초월한
바다의 날갯짓

늘

영혼에 힘을 주어
살아가는 내 기도는
헛되지 않은 열매로

기도는 아는 것이 아니라
하는 것

목동

"내 곁에 계시는 하나님
용기 있고 담대한 내가 되게 하소서"

숯불 같은 언약에
한계를 붙들어

인자한 말씀이
겸손히 입을 정제하고
입술의 문
책망할지라도

머리의 기름 같은 영성
듣는 귀의 극복만으로도
진리 편인 파수꾼

한계에 정체했던 목동은
승리의 복 입술에 담아
목청껏 외치네

아름다운 열매로

필터 교환

하늘을 품에 안은 꽃잎이
기지개를 켜

땅속 사랑의 길이 하품하며
하늘로 날아갈 때
정화된 쓴 아픔도 따라간다

걷고 있는 내 손의 수고
평강을 바라보는 종의 눈동자도
신의 지키심을 소망하여
의지를 불태우니

안정을 찾아
태어난 원점으로 되돌아간다

눈 안의 작은 사람처럼

그 길을 가는 것

지혜는 간직하고 지킬 때
의미가 있다고 말하는 솔로몬

헛된 지킴 날려 보내고
너의 눈동자처럼
의미 있게

참회하는 사도는
간절한 염원에 기쁨으로
공평한 땅에 인도되어

순종으로
의로운 길을 가는 삶아

물들어 가는 것

지혜의 상고인
하나님께로 다가가
올바른 판단력을 구하네

이 눈에 아니 뵈어도
엔진을 멈추고
지킬 수 있는 은혜여

지혜에 귀 기울여
마음을 명철에 두고
미련과 후회에서 멀어져
구원의 장식이 되리니

부서진 내가 참 미쁘다

향기로운 언약 경외로 섬기며
자비로운 은혜는
나에게로 몸을 맡기네

쏟아지는 수고의 떡들
헛되지 않게 한 걸음씩
물들어 따라가노라

마음을 감고 조용히
머리를 기웁니다

붙들어

점선 같은 계단을 타고
구름에 다가가는 물거품

숨 하나 내려놓고
쓸어 담는 눈물

하늘 끝자락에 매달린 기도
하얀 새벽 비 안고 내려
천사의 땅에 내려놓고

나를 감싸는 새벽에
눈부신 아침이 들어오는 눈동자

산꼭대기 바람 소리 뱉으며

평화로운 기도
고요히 내 품으로

3장

지·금

내면은 모른 채

설레는 여운으로
음향의 울림을 만드는
공학자

찰나의 순간들이
터널의 바닥까지 스며
함께 할 수 있는 시간에

고개의 격한 끄덕임이
호흡에게 "고맙다" 말할 때

융프라우 산악 열차가
광활한 아이스메어*를 펼치듯

생각 하지 않아도
'고마움'이 넘쳐 나와
열원**으로 노래를 만든다

---

* Eismeer. 광활한 빙면. 얼음 바다
** 간절히 원함. 간절한 소원

괜찮니?

아스라이 걸쳐 있는 날들이
헛헛한 조각들의 잔상들을
퍼즐로 바꾸어 보려 하네

순수한 정서들이 드러난 상처에
언어의 보조 배터리를 연결한다

그 길은
끝이 없는
알레치 빙하* 같으리라

한쪽으로 움직이며 모여드는 산양이
소금으로 갈증을 해소하듯이

심장의 과부하를 진정시키려
마테호른 전망대에 올라
모습이 바뀐
황금색 마테호른을 바라본다

---

* 알프스에서 가장 긴 빙하

미소 지으며 노을은

어렴풋한
천지의 미동이

한 줄기 바람에 실려
열린 차창 속으로 들어와
닳아진 피부를 스친다

푸른 봄빛의 소나무가
늘 그러하듯
태양도 늘 혼자서
세상을 내려다본다

소리 없이 눈이 내리듯
세상이 흔들려
기도하고
기대하고
기다리다

간절함의 소망들이
푼크툼*을 만들며
소리 없이 들어오네

---

* Punctum. 작품을 관객이 자신의 개인적인 경험에 비추어 개인적으로 받아들이는

항해를 마친 태양이
주황빛 서쪽 하늘에
함박웃음 발원하며
그윽한 눈빛 보낸다

첫 휴가

평정을 찾는
내비게이션의 시선이
영화감독이 되어

도로의 평원에 일어날 일들은
배열된 실바람처럼 감싸안고
수많은 생각 꾸러미는 잊고
목적지만을 향해 있다

깊은 생각이 질문한다
"강원도 양양은 어떻게 가지?"

자동차는 더듬이를 작동시키고
흔들림을 잡아 균형점을 유지하며
미풍처럼 출발하네
너의 군부대를 향해서

말을 이끄는 기수
"나의 항해는 어디로 가나?"
스쳐 간 썰매의 발자국같이
모두 거쳐 온
여러 개의 쉼터

도로의 지면은 정해져 있어
자유로운 바퀴는 수줍은 소망을 날려본다
새벽녘 허허벌판의 마지막 휴게소
안에 들어서 걱정은 가라앉고
거쳐 온 장애물들에 촉촉해진 핸들

꿈틀거렸던 간절한 내면의 원본은
진한 에스프레소에 눌러 담아
모든 걸 기록하는 시간이 지나고

화창한 아침 해가 떠올라
군부대로 향하네
첫 휴가를 맞는 널 만나러

떠오르는 태양처럼
굳건한 미소로 활기차게 나오는
군복 입은 너를 보고

시들어가는 피로여
자유로움 군인의 배낭에 가득 담아
출발 하세

우리 집을 향하여

이유

애태움의 고독아
넘치는 불청객이여
이제는 날아가라

문학에 진심인 맹인은
감동을 맞이하고파
거니는 글을 바라본다

대지 위에 홀로
이유의 문턱을 넘어
묵묵한 속도로 나아가는
어깨의 할퀸 생채기에

텅 빈 정원
생각의 오두막에
군중에 의한 요트의 불빛처럼
서서히 침묵의 돌에 새겨지는
광활한 응답

숨 쉬는 글을 펼치는데
두리번거리지 않게
시의 출렁임에 살아있는 나

갈구하던 시인은
거침없는 보상을 받음에
고분한 천상*의 숨이 끄덕이고
천사가 벗이 되리라

언제?

내가 살아 숨 쉬는
태어난 근원이
자손들에게 팔베개할 때

---

* 착한 일에 대한 하늘의 상

포기하지 않도록

저 멀리 날아가 버려 토닥이는
도나우강의 갈대피리

따가웠던 운명은 망각 속에 시들고
껍질이 벗겨지는 사색의 갈증에
아픔이 침묵하다
누군가를 스치는 소리를 낸다

블루베리 스무디의 수줍은 한기가
날아가는 발자국을 따라가
울림에 대답하며

파랬던 심장이 몸을 숙여
크리스탈 운명의 새 페이지를 줍는다

기도의 송이들이
잔향*을 뿌리며 시를 읊는다

---

* 소리가 울리다가 그친 후에도 남아서 들리는 소리

내 눈물 거둬 가소서

계시나이까
다른 곳에 가지 마소서
내 옆에 있으세요

어찌해야 하나요?
무얼해야 하나요?
어떻게 해야 하나요?
알아서 하여 주소서

할 수 없습니다
알 수 없습니다
나를 이끄소서

더 이상
눈물 흐르지 않게

계획이 있으시면
뜻대로
마음대로
인도 하소서

신의 손길에
이제는 두렵지 않아

담대합니다

심금*을 울리는
곡조를 주시어

나의 노래가
비통한 이의
심장을 낫게 하소서

---

* 마음속 깊이 품은 생각

소리가 들려

천지에 짓궂은 노래는
고독의 반복성에 쪼그라들어
비명*에 둥지에서 날아올라

흐드러진 달구지에
두둥실 실려 가네

외로운 씨앗이여
새로운 회음** 자유 속으로 들어가
거룩한 씨앗으로 움터

잠들어라 상처여

가로등이 켜지고
덮여 있던 굶주림에서 깨어나
돌연***한 대기는 화려한 봄

수면 위로 귀환한 진홍빛의 꿈이
내 위를 날아다닌다
시인의 황금빛 노래는
희박한 시선에

---
* 슬피 움
** 주요 음으로 다시 돌아오는
*** 예기치 못한 사이에 급히

억눌린 영혼에
목소리가 낮춰진
슬픔이 들어서
기울어진 이에게 위로를

월계수

마음속 물보라의 파편들이
떨리는 목소리의 등성이에 기대어
홀로 광막한 버스킹을 하고

가련한 씨앗이 옷을 입어
거룩한 씨앗으로
빛이 있는 지문을 만드네

내 옷을 입은 듯

월계수 잎의 노래가
천사들을 술렁이게 하여

올리브나무 그늘 속
태양의 따뜻한 물결이
언젠가 찾아오리라는 신호가

기도의 간절한 예언과 만나
희미한 그리움을 보내

쳐올리는 파동들이
아픔과 거리를 두다
그리는* 석양이 불타올라

시인을 지배한다

하늘의 신께 여쭈노라
"나의 빈손이 따라가도 되나이까?"

청중이여 창문가로 다가와
통제할 수 없는 희망의 속삭임을 끌어내
적막한 위성에
노래의 월계관**을 이끄소서

---

* 생각, 현상 따위를 말이나 글, 음악 등으로 나타내다.
**영광스러운 명예

| 추/천/사 |

<<동화 속으로>>는 삶의 다양한 단편들을 아름다운 시어로 엮어낸 시집이다. 시인은 자연의 아름다움, 인간관계, 그리고 삶에 대한 깊은 성찰을 통해 독자들에게 감동과 여운을 선사하고 있다. 특히, <오아시스>의 "생각에 대한 생각"이라는 표현은 시인의 끊임없는 사유와 성장을 보여주는 핵심적인 구절이다.

시인의 말에서 드러나듯, 작품은 많은 사람들의 사랑과 응원 속에서 탄생했으며, 그들의 마음이 시에 고스란히 담겨 있다. <오아시스>에서 밝히고 있듯이 <<동화 속으로>>는 마치 뜨거운 사막 한가운데 샘솟는 맑은 물처럼, 독자의 마음에 시원한 청량감을 선사한다.

시인은 일상의 소소한 풍경 속에서 깊은 사색을 이끌어내고, 단순한 물방울 하나에도 의미를 부여하는 새로운 시각을 제시하여, 번잡한 일상 속에서 잠시 멈춰 서서 자신의 내면을 들여다보고 싶은 이들에게 <<동화 속으로>>는 따뜻한 위로와 공감을 전할 것이다.

시인은 가족과 스승, 그리고 하나님께 대한 깊은 신뢰와 사랑을 통하여 깨달은 삶의 소중한 가치를 <<동화 속으로>>의 곳곳에서 들려주어, 독자들에게 삶의 의미를 되새기고, 스스로의 오아시스를 찾아 떠나는 여정을 함께 할 수 있도록 이끌어 줄 것이다.

이강령 시인의 우수도서 선정을 축하한다.

한국문학예술진흥원 우수도서 선정 위원회